AF321921

A. CHEVILLOTTE

Conseiller à la Cour de Paris

DE LA FAMILLE MUSULMANE

EN ALGÉRIE

A PROPOS DU

STATUT PERSONNEL

ET DES

SUCCESSIONS EN DROIT MUSULMAN

PAR

MM. SAUTERRA & CHERBONNEAU

EXTRAIT DU *DROIT*

PARIS

IMPRIMERIE BALITOUT, QUESTROY ET Ce

7, RUE BAILLIF, ET RUE DE VALOIS, 18

1873

DE LA FAMILLE MUSULMANE EN ALGÉRIE

A PROPOS DU

STATUT PERSONNEL

ET DES

SUCCESSIONS EN DROIT MUSULMAN

I

Il se produit depuis quelques années en Algérie un mouvement intellectuel des plus remarquables. Dans un récent article de la *Revue des Deux-Mondes,* M. Renan le compare au spectacle que présenta la société asiatique de Calcutta vers la fin du siècle dernier. L'exploration scientifique de notre colonie devient chaque jour, en effet, plus féconde, plus riche en résultats et, parmi les livres récemment publiés, il faut signaler à l'attention publique : *la Kabylie et les Coutumes kabyles,* par MM. Hanoteau, général de brigade, et Letourneux, conseiller à la Cour d'Alger ; *le Statut personnel en droit musulman,* par MM. Sauteyra et Cherbonneau, qui fait l'objet de cet article.

Il y a dans le premier de ces livres des recherches capitales, d'importantes découvertes et, dans tous les deux, les plus solides qualités d'esprit appliquées à l'é-

tude de la langue, de l'histoire et du droit indigènes.
Ce qu'il faut d'in.elligence, de science, de labeur patient
et infatigable pour mener à fin de pareilles œuvres,
ceux-là seuls le savent qui se sont heurtés aux difficultés
de l'archéologie, de la langue, de l'épigraphie ou de la
législation du sol algérien. Etrange et merveilleux pays,
d'ailleurs, que cette Algérie avec son ciel ardent, sa
terre généreuse et son histoire jalonnée par les victoires
successives des Romains, des Vandales, des Byzantins,
des Arabes, des Turcs et des Français! Le sol inondé
de lumière, couvert de vestiges anciens, captive le
colon, passionne le savant et l'artiste. Y vivre quelque
temps, c'est l'aimer et se dévouer à son avenir; je ne
connais aucun de ses habitants qui l'ait quitté sans
regrets et n'ait songé à y revenir, tant sont puissants
le charme du climat et le souvenir d'une vie toujours
en éveil. *Quid novi fert Africa?* C'était le mot de la
place publique à Rome et il est devenu français. Sol-
dats et colons, tous les Algériens sont animés du même
amour pour ce pays qui devient si vite une seconde pa-
trie. On peut y discuter avec ardeur, avec passion, la
question du gouvernement militaire et du gouvernement
civil, se demander si la colonisation en est encore ré-
duite à chercher sa voie définitive; la politique malsaine
de ces derniers temps a même pu y élever des clameurs
inopportunes, mais la dispute sur la science, a dit le
prophète, est une dispute sacrée et elle a eu du moins
ce privilége de réunir tous les efforts dans un but com-
mun, la recherche de la vérité, et d'avoir ainsi formé
une école qui, dès ce jour, est l'honneur de la colonie.

MM. Sauteyra et Cherbonneau n'y sont pas de nou-
veaux venus; M. Sauteyra a été auditeur au Conseil
d'Etat, puis magistrat en Algérie, où il s'est fait une
carrière rapide, mais justifiée par une très-vive intelli-
gence des affaires et des travaux approfondis sur la législation des Arabes et des israélites. Il est aujourd'hui
et sans contredit l'un des conseillers les plus distingués
de la Cour d'Alger.

M. Cherbonneau, de son côté, est professeur d'arabe. Né en Algérie, il a appris cette langue bercé sur les genoux de sa mère, et son éducation a été dirigée par un père qui est membre correspondant de l'Institut, qui a laissé à Constantine et conquis bien vite à Alger la réputation d'un conteur plein d'esprit et d'originalité et dont l'œuvre comme orientaliste est considérable. La collaboration de ces deux *arabisants,* devait donc être des plus heureuses.

L'un apportait la science du droit, la raison des textes, une grande sûreté de méthode ; l'autre, la possession d'une langue difficile, la connaissance des écrivains musulmans et une fidélité de traduction incontestable.

Ce livre ainsi fait et puisé aux sources les plus sûres vient encore, par un rare bonheur, d'acquérir une importance plus grande que ne l'avaient, à son origine, prévue ses auteurs, car, après l'application de la loi du 8 août 1873, il ne restera, en réalité, du droit musulman, que la constitution de la famille indigène, telle que l'ont faite le Koran et les traditions.

Cette loi déclare, en effet, que « l'établissement de la propriété immobilière en Algérie, sa conservation et la transmission contractuelle des immeubles et droits immobiliers, quels que soient les propriétaires, seront à l'avenir soumis à la loi française. »

C'est évidemment la révolution la plus radicale que puissent subir la législation et les mœurs d'un peuple pasteur ; c'est certainement la promulgation, à courte échéance, de notre loi civile et commerciale en matière de transactions. L'Egypte nous a précédé dans cette voie, et les musulmans de l'Algérie, déjà soumis à notre juridiction quand ils traitent avec les Européens et les israélites, accepteront sans difficulté cette réforme, parce qu'elle ne blesse en réalité ni les principes essentiels de leur loi, ni leurs sentiments religieux.

Mais la fammille indigène, qui oserait, à cette heure, y porter la main, sans redouter des haines implacables et peut être des révoltes sanglantes? Sa constitution est garantie par la capitulation de 1830 ; elle est écrite dans le Koran, dans la Sounna et, par cela même, elle est de source révélée et immuable comme la religion dont elle émane.

Le Prophète a dit :

« N'épousez parmi les femmes qui vous plaisent que deux, trois ou quatre.

» Nul ne peut épouser une cinquième femme avant d'avoir répudié la quatrième.

» Ne vous mariez pas avec des femmes idolâtres, tant qu'elles n'auront pas cru. »

Telles sont les prescriptions du Koran. Telle est l'expression dernière des mœurs de la Société arabe et de sa civilisation rudimentaire. Quels que soient le désordre et la dissolution qu'entraîne la polygamie, si compliqués que soient les effets de nombreux divorces et de répudiations faciles, il faut cependant compter avec cet état de choses, et il était au moins d'une politique prévoyante de déclarer à nouveau comme l'a fait l'Assemblée nationale dans l'art. 7 de la loi du 8 août dernier, qu'il n'était pas dérogé au statut personnel ni aux règles de succession des indigènes entre eux.

Est-ce à dire, toutefois, qu'il n'y ait qu'à consacrer le passé et à laisser le champ au fanatisme ou à la corruption des mœurs? Si les chrétiens et les musulmans me prêtaient l'oreille, a dit un jour Abd-el-Kader, je ferais cesser leurs divergences et ils deviendraient frères à l'extérieur et à l'intérieur. Cette parole et ces moyens de conciliation ont suivi l'émir dans son exil de Damas, mais on peut revenir à la doctrine pure du Koran, rendre au mariage son caractère religieux, protéger la personne et les droits de la femme en cas de divorce ou de répudiation.

Il ne faut pas oublier, à ce point de vue, qu'en mettant le pied sur le sol algérien, nous avons trouvé la famille musulmane constituée comme au temps des patriarches, sans état civil pas plus pour les naissances

que pour les décès, les divorces et les mariages, se prê-
tant par suite aux obscurités, aux crimes mystérieux,
à un état complet d'anarchie et de confusion. Nous y
avons porté remède en l'individualisant comme la famille chrétienne.

Les musulmans n'ont pas de noms patronymiques.
On dit : Mohammed fils d'Ali, Ahmed fils d'Ali, Omar
fils d'Ahmed. Qu'on ajoute des noms de prophète ou
des noms composés avec les attributs de Dieu, *El Kader*,
le puissant, *El Kerim*, le généreux, et on ne trouve
peut-être pas cinq à six cents noms différents en Algérie. A la troisième génération, le nom du grand-père a
disparu. Aussi que de difficultés pour préciser une fi-
liation et, si on n'y avise au plus vite, que d'embarras,
que de procès menaçants pour appliquer la loi récente
sur la propriété immobilière !

Tout ce qui touche aux questions d'Etat est donc
en Algérie d'une extrême importance, et on ne saurait
trop louer MM. Sauteyra et Cherbonneau du labeur ac-
compli par eux pour jeter la lumière sur cette partie si
ardue, si compliquée de la législation indigène.

Le livre qu'ils publient sur le statut personnel des
musulmans et qui sera bientôt complété par un second
volume contenant un traité sur les successions, se di-
vise en deux parties bien distinctes.

La première comprend les textes en vigueur extraits
du Précis de jurisprudence de Sidi-Khelil qui fait au-
torité depuis plus de deux siècles dans les pays soumis au rite malékite, l'Algérie, le Maroc, la Tunisie et
le Soudan et sur lequel s'appuient tous les kadis pour
juger les contestations portées devant eux. Ces textes
sont rangés dans l'ordre de notre Code civil, ce qui
rend les recherches plus promptes et la comparaison de
la loi musulmane avec les autres législations plus fa-
cile.

La seconde partie est un Commentaire conçu dans la
forme et avec la méthode des Commentaires de droit
français. Cette partie de l'ouvrage est rédigée d'après

les anciennes coutumes, le Koran, la *Sounna* ou Re-
cueil de l'enseignement et des Hadits du Prophète, la
doctrine des imans et des jurisconsultes de l'Islam, et
la jurisprudence des kadis, des Tribunaux de première
instance et de la Cour d'Alger.

Voilà l'économie du livre, voilà le travail approfondi
que les auteurs offrent à l'étude des magistrats chargés
aujourd'hui en Algérie de l'application des lois indigènes, à la curiosité des jurisconsultes encore épris de
la science du Droit et à l'esprit pratique des hommes
d'affaires.

Une législation ne s'impose pas sans tenir compte
des usages, des habitudes et des traditions du passé.

Interrogeant l'histoire des puissantes tribus qui occu-
paient l'Arabie et des religions qui les divisaient, quand
naquit le Prophète de la Mekke, MM. Sauteyra et Cherbonneau, aidés d'ailleurs par les savantes recherches
de Mouradja d'Ohsson, de Caussin de Perceval, du
docteur Perron, montrent, chemin faisant, les origines
de la loi musulmane sur le mariage et les successions,
les emprunts faits par le Koran aux coutumes arabes, à
la loi de Moïse ou aux traditions chrétiennes. On se
rend ainsi compte du rôle misérable assigné alors aux
femmes musulmanes dans la vie des Orientaux, et des
réformes pleines de compassion et de générosité qu'elles
inspirèrent au Prophète.

II

Je ne sache pas, en se reportant aux historiens de
ces temps néfastes, de tableau plus lamentable que celui de la constitution de la famille arabe.

Les mœurs y étaient celles des mécréants et des mau-
dits : la polygamie sans frein, l'inceste à tous les de-
grés. On voyait des chefs de tribus avoir huit ou dix

femmes, le libertinage le plus effréné présider aux mariages et aux divorces, et, chose monstrueuse ! des hommes épousant leurs sœurs, leurs grand'mères, leurs filles et jusqu'à leur mère. La femme n'était qu'un instrument de plaisir au harem des riches, une bête de somme sous la tente du peuple. On enterrait les filles vivantes pour ne pas les nourrir ; on refusait à celles qu'on épargnait une âme, tout droit social, une part dans l'héritage de leurs parents, et, après le decès de leurs maris, elles devenaient des choses de leurs successions.

Les premières paroles de Mohammed furent, pour ces malheureuses, pleines de pitié et de protection. Il ne les éleva pas toutefois à la hauteur de la femme chrétienne. L'eût-il voulu, il eût rencontré autour de lui des traditions, des habitudes de tyrannie domestique invétérées, et son ambition, son habileté politique lui commandaient de ne pas entrer en lutte avec elles. Ses prescriptions se bornèrent donc à moraliser la famille arabe et à en bannir les passions sauvages. Il recommanda le respect des parents, la bienveillance envers les femmes, frappa d'anathème les unions monstrueuses entre parents , les divorces et les répudiations sans causes graves.

Laissons-lui la parole :

« Respectez les entrailles qui vous ont porté. L'homme est tenu à la bienveillance envers son père et sa mère. Sa mère le porte avec peine ; le temps qu'elle porte l'enfant et l'allaitement jusqu'au sevrage durent trente mois. »

« Les femmes sont votre vêtement et vous êtes le leur. Elles sont votre champ. Allez à votre champ comme vous voudrez, mais auparavant faites quelque chose en faveur de votre âme. Les femmes à l'égard de leurs maris et ceux-ci à l'égard de leurs femmes, doivent se conduire honnêtement. Gardez-vous votre

femme? traitez-la avec bienveillance. La renvoyez-vous,
faites-le avec générosité. »

Le mariage prend dans le Koran un caractère solen-
nel et devient un acte civil et religieux : « Celui qui ne
se marie pas n'est pas des miens. » Mohammed lui
donne la piété pour fondement : « On se marie pour
quatre causes : pour la beauté de la femme, pour son
rang, pour sa richesse et pour sa piété; choisissez toujours la piété. » Il lui assigne comme but la propaga-
tion de la race : « Augmentez les mariages afin de mul-
tiplier vos descendants. » Il lui impose enfin la durée
et la publicité : « Ne vous mariez pas pour quelque
temps ou quelques jours; célébrez vos mariages au son
des flûtes et des tambourins. »

Il réduit à quatre le nombre des femmes légitimes
il déclare que l'union avec une seule préserve plus faci-
lement de l'iniquité. Puis, flétrissant le divorce et la
répudiation, qui ne peuvent se justifier aux yeux de la
religion et de la loi, il dit : « Que Dieu maudisse qui-
conque répudie sa femme pour le motif du plaisir. »
Et dans un autre hadits, il s'écrie :« La chose que Dieu
a le plus en horreur parmi celles qui sont licites, c'est
la répudiation. »

L'inceste est frappé d'anathème : « N'épousez pas les
femmes qui ont été les épouses de vos pères. C'est une
turpitude et une abomination. — Il vous est interdit
d'épouser vos mères, vos filles, vos sœurs, vos tantes
paternelles et maternelles, vos nièces, vos nourrices,
vos sœurs de lait, les mères de vos femmes, les filles
confiées à votre tutelle et nées de femmes avec les-
quelles vous auriez cohabité. — N'épousez pas non
plus les filles de vos fils ni leurs sœurs. » (Koran,
chap. IV, v. 26, 27.)

Après avoir ainsi défendu la femme dans sa personne
et lui avoir donné une place sous la tente ou au foyer
du mari, le Prophète la protége dans ses biens et jus-
ques dans sa vie future.

Orpheline! Il veut que sa fortune lui soit restituée intacte, sinon accrue : qu'un tuteur infidèle ou prodigue ne confonde pas cette fortune avec ses biens, ou ne lui substitue pas des objets sans valeur.

Femme mariée! Elle n'est plus la chose de son mari. Il est désormais interdit à ce maître de la tente de la spolier, de se constituer son héritier contre son gré, de lui ravir, si elle n'est pas coupable, la dot qu'elle a reçue et de la chasser ensuite par répudiation.

Elle ne comptait pas dans la famille à la mort de ses parents! Mohammed lui accorde la moitié de la part réservée à ses frères; il veut aussi qu'elle hérite de son mari et que la succession de celui-ci pourvoie pendant un an à son entretien.

On lui déniait une âme! Il lui ouvre les jardins de l'Eden si merveilleusement décrits dans le Koran pour animer le courage et la foi des hommes qui vivaient dans les déserts et les contrées brulées de l'Arabie. « Hommes et femmes, ceux qui pratiqueront les bonnes œuvres et seront toujours croyants entreront dans le Paradis et ne seront pas frustrés de ce que peut contenir la fossette d'une datte dans leur part de récompenses. Les hommes de la droite (oh! les hommes de la droite!), ils habiteront le jardin des délices parmi des arbres de lotus sans épines et au milieu des bananiers chargés de fruits, sous des ombrages qui s'étendront au loin, auprès d'une eau courante. Autour d'eux seront des vierges aux yeux noirs, aux lèvres de corail, pareilles aux perles dans leur conque, gracieuses comme l'hyacinthe et semblables par leur teint aux œufs d'autruche conservés sous le sable du Saharah. (Chap. LVI, l'Evénement.)

Et ces vierges ce seront les compagnes des croyants rajeunies et purifiées! Ecoutez encore la tradition si vous êtes incrédules : un jour, une femme très-âgée s'arrête devant Mohammed et lui demande si elle ira au paradis. — Les vieilles femmes n'y seront pas admises, répond-il en souriant, et, la bonne femme montrant un grand chagrin, il ajoute : « L'Eden n'est pas fait pour les vieilles femmes, car, avant de les y admettre, Dieu les rendra jeunes, belles et dignes de leurs époux célestes. »

C'est à l'aide de ces promesses, de ces sentiments d'humanité et de religion, que le Prophète essaya d'instituer une famille nouvelle parmi les Arabes. Le Koran a été pour les femmes musulmanes plein de bienveillance et de sollicitude; il leur a servi, autant que le permettaient alors la violence et la dissolution des mœurs, de sauvegarde et de consolation, et un écrivain qui connaît à merveille le monde de l'Islam (1) a pu dire que ce livre a fait, en leur faveur, ce que les Sabéens, les Mages, les sectateurs du judaïsme et six siècles de prédication chrétiennes n'avaient pu obtenir.

Le temps, hélas ! n'a pas ratifié l'œuvre de Mohammed. Le Prophète a trop présumé de son prestige et de la générosité d'hommes vivant, sous un ciel ardent, de rapines et de razzias continuelles. Il a pu donner à son peuple l'unité politique et religieuse, préparer ainsi les triomphes de l'Islam ; il ne lui a pas été accordé d'assurer aux femmes de son empire la place et l'influence que sa bonté de cœur et son amour pour elles avaient conçues (2).

Il espérait fonder la famille arabe sur l'égalité des droits et des devoirs, faire appel à tout ce qu'il y a d'élevé dans l'âme des croyants et transformer de la sorte les relations des deux sexes ; sa parole a été détruite par le plus énergique et le plus persistant des ennemis, la polygamie qui prend la jeune fille à dix ans et la rejette du harem flétrie et vieille à vingt ans, qui énerve l'homme ou le rend sensuel et brutal.

(1) M. Ismaël Urbain, ancien interprète de l'armée, ancien membre du gouvernement de l'Algérie. *Le Koran et les Femmes arabes.*

(2) Par un privilége de législateur et de prophète, il épousa successivement quinze femmes après la mort de Khadidja. On lui prête ces paroles : « Les choses que j'aime le plus au monde sont les femmes et les parfums, mais ce qui me réconforte l'âme, c'est la prière. »

Les résistances furent opiniâtres. Après sa mort la réaction contre ses préceptes ne fait que grandir. Les veuves du Prophète aimées et respectées par les musulmans, reçoivent, il est vrai, des pensions sur le trésor public; Aïcha, sa compagne préférée et qui eut, seule, le secret de son agonie, conserve le reflet de cette affection ; l'Islam offre encore, dans ses premiers temps, des exemples d'une grande pureté de mœurs, quelques noms de femmes apparaissent aux grands jours de la civilisation arabe, à Bagdad, à Damas, au Caire, à Grenade, à Cordoue, puis celle-ci, disparue si subitement sous les couches des barbares nouvellement convertis, le Koran devient pour la famille une lettre morte et la femme retombe dans l'ombre du harem ou sous le bâton de son maître.

A cette heure et pour ne parler que de l'Algérie, c'est le dernier mot de sa situation.

Dans la maison mauresque où l'enferme un mari riche, dans la grande tente du chef indigène, entourée de négresses dociles à ses ordres, elle est encore un être inférieur, imparfait, créé pour l'homme, soumis à ses caprices. Son défaut de culture intellectuelle, l'apathie d'une vie de réclusion la laissent sans action, heureuse encore si elle échappe à la répudiation, et si son seigneur lui épargne, en lui donnant une demeure séparée, les jalousies et les querelles ardentes du sérail !

Vit-elle sous la tente d'un douar? Discutée, achetée à vil prix (1), elle n'est plus qu'une esclave, une bête de somme. Qui ne l'a vue, en parcourant l'Algérie, tournant péniblement la meule d'un moulin à bras, écrasée par le poids d'une outre remplie à la fontaine sous le regard de son maître, ou suivant ce maître à cheval, pieds nus, brûlée par le soleil et portant ses enfants sur le dos dans les plis de son haïck? Le bâton la menace sans cesse ; c'est le grand moyen d'éducation et de correction. Aussi se venge-t-elle de cette servitude

____

(1) En échange parfois d'un mulet, d'un cheval ou d un âne

par la ruse et la dépravation. L'histoire des tribus est remplie de représailles sanglantes.

Un pareil sujet appelle une étude plus approfondie des mœurs indigènes, des dispositions si curieuses qui régissent, avec le mariage, les divorces et répudiations, les délais de l'Eudda et de l'Istriba (1), les preuves de la paternité, en un mot, de tout ce qui a trait à l'institution de la famille. Nous tenterons un jour cette étude, mais cet article doit se borner à un récit plus rapide. Si incomplet qu'il soit, il suffit à montrer le but à atteindre et auquel tendent les auteurs du livre que nous sommes heureux de signaler à l'attention de nos lecteurs.

La constitution de la famille indigène étant, comme nous l'avons dit plus haut, garantie par le traité de 1830, il est de notre devoir de la maintenir intacte, en nous souvenant de cette parole de Montesquieu que : « Les peuples étant très-attachés à leurs coutumes, il ne faut pas les leur ôter violemment, mais les amener à changer eux-mêmes. » Ici, la justice est à l'aise ; elle n'a qu'à rappeler les Arabes aux prescriptions du Koran et aux sentiments d'humanité qui les ont inspirées, combattre, la loi religieuse à la main, les abus de la polygamie, les spéculations odieuses sur la dot de la femme et assurer à celle-ci sa place au foyer et quelque dignité vis-à-vis de son maître !

C'est la mission essentiellement civilisatrice qui est dévolue à la Cour d'Alger et qu'elle remplit avec un dévouement dont il faut lui savoir gré, car elle sert ainsi la politique de la France et la cause de l'assimilation.

Séparée pendant trop d'années de la justice française, ayant ses cadis pour juges, ses midjelès comme Cours souveraines, la justice indigène relève aujourd'hui de

____

(1) L'Eudda est la retraite légale imposée à la femme après la dissolution du mariage. L'Istriba est la retraite de continence imposée à la femme qui a eu des rapports illicites.

nos Tribunaux par l'appel des jugements de ses mahak-
mas. Cette mesure a été la première et la grande préoc-
cupation du ministère de l'Algérie. Il était nécessaire de
réprimer des abus déshonorants, de pénétrer au cœur
de la législation musulmane afin de mieux connaître le
peuple arabe et de préparer les éléments d'une réforme
plus étendue. Conçu dans cet esprit, le décret du 31 dé
cembre 1859 a confié la surveillance de la justice indigène à la magistrature française, déféré l'appel des décisions des cadis et des midjelès à nos Tribunaux, en
réservant à la Cour d'Alger les questions d'Etat, et
ouvert à tous, riches ou pauvres, l'accès de nos pré-
toires au moyen d'une procédure des plus promptes et
des moins coûteuses.

En 1867 (3 janvier), quelques modifications ont été
apportées à ce décret. Il suffit de citer l'élévation du
taux de la compétence, désirée dès l'origine, la dévolu-
tion aux Tribunaux d'Oran et de Constantine des questions d'Etat nées dans ces deux provinces, et la création
d'un conseil de droit musulman dont les avis sont obli-
gatoires, création vivement critiquée, comme inutile et
fort dispendieuse, pour ne rien dire de plus.

Toujours est-il que la voie de recours ouverte aux
indigènes a été suivie avec empressement depuis dix
ans ; que pouvant s'en tenir à leurs scrupules religieux
et à la juridiction de leurs cadis et de leurs midjelès, ils
viennent à nous toujours en plus grand nombre, et
pleins de confiance dans les lumières et l'impartialité
de notre justice (1).

La mission et le labeur de nos Tribunaux ont de la
sorte grandi chaque année, et la législation arabe si
compliquée, si subtile parfois (2), n'aura bientôt plus
de secrets pour eux. Les décisions rendues sont em-

(1) La Cour d'Alger a jugé cette année cinq cents affaires musulmanes.
(2) Le précis de Sidi Khelil renferme environ cent mille propo-
sitions explicites de jurisprudence et cent mille implicites. Total :
deux cent mille.

preintes d'une sagesse, d'un esprit de conciliation auxquels on ne saurait trop rendre hommage.

Reporté par leur examen et mes souvenirs en Algérie, je me plais à constater cette recherche infatigable de la vérité et le succès de livres qui honorent mes anciens collègues.

Les Arabes disent de nous : « Si les Français voulaient seulement prononcer ces mots : Dieu est Dieu, et Mohammed est son Prophète, ils seraient tout-puissants. » Il nous manque donc cette consécration à leurs yeux et, venu de nous, tout progrès est lent à accomplir. La religion a été impuissante contre des mœurs égoïstes et cruelles quand il s'est agi de régénérer la famille. Serons-nous plus heureux que Mohammed, et n'est-il pas étrange qu'après tant de siècles la Cour d'Alger ramène les cadis à l'exécution du Koran, et qu'elle soit en cela et plus qu'eux le disciple et l'interprète véritable de la loi du Prophète ?

Cette facilité d'assimiliation et cette tolérance sont dans l'esprit de notre race. Ne les perdons pas : le succès est à ce prix en Algérie.